MARX
em 90 minutos

FILÓSOFOS
em 90 minutos

. . . .

por Paul Strathern

Aristóteles em 90 minutos
Berkeley em 90 minutos
Bertrand Russell em 90 minutos
Confúcio em 90 minutos
Derrida em 90 minutos
Descartes em 90 minutos
Foucault em 90 minutos
Hegel em 90 minutos
Heidegger em 90 minutos
Hume em 90 minutos
Kant em 90 minutos
Kierkegaard em 90 minutos
Leibniz em 90 minutos
Locke em 90 minutos
Maquiavel em 90 minutos
Marx em 90 minutos
Nietzsche em 90 minutos
Platão em 90 minutos
Rousseau em 90 minutos
Santo Agostinho em 90 minutos
São Tomás de Aquino em 90 minutos
Sartre em 90 minutos
Schopenhauer em 90 minutos
Sócrates em 90 minutos
Spinoza em 90 minutos
Wittgenstein em 90 minutos

MARX
(1818-1884)
em 90 minutos

Paul Strathern

Tradução:
Maria Luiza X. de A. Borges

Consultoria:
Danilo Marcondes
Professor titular do
Depto. de Filosofia, PUC-Rio

2ª edição revista

ZAHAR

Título original:
Marx in 90 minutes

Tradução autorizada da primeira edição norte-americana
publicada em 2001 por Ivan R. Dee, de Chicago, EUA

Jorge Zahar Editor Ltda.
rua Marquês de S. Vicente 99 – 1º andar
22451-041 Rio de Janeiro, RJ
tel. (21) 2529-4750 / fax (21) 2529-4787
editora@zahar.com.br
www.zahar.com.br

Grafia atualizada respeitando o novo
Acordo Ortográfico da Língua Portuguesa

Projeto gráfico: Ana Paula Tavares
Ilustração de capa: Lula

Impressão: Cromosete Gráfica e Editora
Composição: TopTextos Edições Gráficas Ltda.

Edição anterior: 2003

CIP-Brasil. Catalogação na fonte
Sindicato Nacional dos Editores de Livros, RJ

S891m 2.ed.

Strathern, Paul, 1940-
Marx (1818-1884) em 90 minutos / Paul Strathern; tradução Maria Luiza X. de A. Borges; consultoria, Danilo Marcondes. — 2.ed. rev. — Rio de Janeiro: Zahar, 2006.
– (Filósofos em 90 minutos)

Tradução de: Marx in 90 minutes
Inclui bibliografia
ISBN 978-85-7110-720-5

1. Marx, Karl, 1818-1883. 2. Comunismo. 3. Filosofia marxista. I. Título. II. Série.

CDD: 335.4
06-3713 CDU: 330.85

SUMÁRIO

INTRODUÇÃO

Em 1848, o ano em que Karl Marx publicou o primeiro *Manifesto comunista*, houve distúrbios revolucionários por toda a Europa, da Sicília a Varsórvia. Em Paris, a insurreição levou à queda da monarquia dos Orleans; em Viena, o reacionário e repressivo chanceler Metternich foi obrigado a fugir disfarçado, "como um criminoso". A França e o Império Austro-Húngaro eram as duas maiores potências no continente europeu. Parecia que a Europa estava por um fio. Mas as forças de reação acabaram por levar a melhor, e sua desforra foi aterradora. A cena em Dresden descrita por Clara Schumann (mulher do compositor) foi típica:

"Abateram a tiros cada rebelde que conseguiram encontrar, e nossa senhoria nos contou depois que seu irmão, que é o proprietário do Veado de Ouro em Schefellgasse, foi obrigado a ficar lá olhando enquanto os soldados fuzilavam um depois do outro os 26 estudantes que encontraram num quarto do albergue. Contam que depois atiraram dúzias de homens na rua do terceiro e do quarto andares. É horrível ter de passar por essas coisas! É assim que os homens têm de lutar por seu bocadinho de liberdade! Quando virá o tempo em que todos terão direitos iguais?"

Marx propôs o comunismo como a resposta. A experiência do século XX nos ensinou em termos nada incertos que essa resposta não funciona. Ainda assim, várias das críticas mais argutas que Marx fez ao capitalismo permanecem sem resposta. As questões de justiça social que ele suscitou — urgentes e cruciais na época — continuam pertinentes. A existência lado a lado de luxo e miséria implacável, que pode ser encontrada hoje em Bombaim ou em São Paulo, seria perfeitamente reconhecível pelo Marx que caminhava nas ruas da Londres dickensiana. Mesmo nos centros de afluência que o capitalismo criou no século XXI, as "contradições" continuam evidentes, como nos guetos urbanos de Nova York e Los Angeles, nas áreas economicamente mortas do nordeste da Inglaterra e nos bairros miseráveis de Nápoles. O capitalismo tornou-se *a* história de sucesso mundial, mas isso teve seu preço. Na época de Marx, esse preço estava começando a parecer insuportável.

VIDA E OBRA

. . . .

Karl Marx nasceu em Trier, na Alemanha, a 5 de maio de 1818, a apenas dez quilômetros da fronteira com Luxemburgo, às margens do rio Mosela, região famosa por seus vinhedos. A proximidade da fronteira e o amor pelo vinho fazem de Trier um lugar tranquilo e cosmopolita, fatores que teriam considerável influência sobre Marx.

Como tantos revolucionários ardorosos, Marx foi criado num confortável ambiente burguês. Seu pai, Hirschel, era um bem-sucedido advogado local que possuía também alguns pequenos vinhedos; e um dos tios de Karl veio a ser um dos fundadores da gigantesca indústria holandesa Philips. Embora descendesse de uma linhagem de rabinos, Hirschel Marx não era religioso. A exemplo de muitos judeus alemães durante esse período — como o compositor Felix Mendelssohn e o poeta Heinrich Heine —, converteu-se ao cristianismo. Isso foi em grande parte uma formalidade, que lhe permitiu penetrar mais facilmente na sociedade alemã de classe média. Hirschel (que agora se tornara Heinrich) Marx já havia abraçado entusiasticamente a cultura europeia. Seus autores favoritos eram Kant e Voltaire: uma mistura característica da profundidade alemã com a sagacidade subversiva francesa. A Alemanha estava em vias de se tornar uma nação unificada e, em 1815, as províncias do Reno haviam sido anexadas pela Prússia. Os novos governantes prussianos eram vistos como autocráticos e opressivos pela população local mais liberal. O pai de Karl ingressou numa agremiação política que pressionava o Estado prussiano a adotar uma constituição que protegesse os direitos de seus cidadãos.

Poucos detalhes da infância de Marx chegaram até nós, afora seu pretenso hábito de obrigar as irmãs a comer tortas de lama. Isso parece ser mais uma lenda, baseada num único incidente envolvendo meninas soluçantes e com a boca enlameada, uma mãe indignada e Karl se escondendo... Nem é preciso dizer que os comentadores de Marx exploraram as implicações metafóricas dessa lenda à exaustão: foi isso que o Marx adulto fez conosco etc. Quando foi para a vizinha Universidade de Bonn, aos 18 anos, Marx já era um ávido consumidor de livros e vinho, dividindo seu tempo igualmente entre a biblioteca e as tabernas. Durante um tumulto numa taberna, conseguiu instigar um cadete local a desafiá-lo para um duelo, e por sorte safou-se desse episódio sem nada mais sério que uma tradicional cicatriz de duelo. Karl nunca foi do tipo atlético, tendo inclusive conseguido escapar do serviço militar por razões de saúde (auxiliado por um atestado médico um tanto suspeito).

Um ano mais tarde Marx se transferiu para a Universidade de Berlim, aparentemente para continuar seus estudos de direito. A essa altura, porém, havia descoberto a filosofia, e tudo mais perdera importância. Berlim era a capital da Prússia, distante da Renânia dos vinhos, e ali a vida estudantil era um assunto muito mais sério. Fora ali que o grande Hegel lecionara filosofia, tornando-se quase o apologista filosófico oficial do Estado prussiano. Mas Hegel morrera cinco anos antes e vários de seus seguidores já haviam desenvolvido suas ideias nas mais diversas direções. O amplo sistema filosófico idealista de Hegel provara-se aberto a muitas interpretações contraditórias, algumas das quais não viam com nenhuma simpatia o Estado prussiano e tudo o que ele representava.

Marx assistiu aplicadamente aos cursos oficiais sobre a filosofia de Hegel, mas declarou ter adoecido "devido ao constrangimento de ter que idolatrar uma concepção que eu detestava". Ironicamente, Hegel viria a ser uma das principais influências sobre a sua filosofia. Mas eram a dinâmica e a abrangência desse pensamento, e não seu conteúdo real, que atraíam Marx.

A filosofia de Hegel via o mundo e toda a história em termos de um sistema vasto e inclusivo, em permanente evolução. Essa evolução tem origem na luta entre contradições e opera dialeticamente. Cada noção implica e gera a noção que a contradiz. Por exemplo, a própria noção de "ser" implica a de "não-ser", ou o nada. Esses dois opostos (a tese e sua antítese) se organizam então para formar sua síntese, o "vir-a-ser". No abrangente sistema dialético de Hegel, essa síntese torna-se uma nova tese, que por sua vez desenvolvia sua própria antítese, e assim por diante. Esse sistema dinâmico permeia todas as ideias, toda a história e todos os fenômenos — até o nível mais elevado do Espírito Absoluto refletindo sobre si mesmo, que é a totalidade de tudo o que existe.

Mais especificamente, em sua filosofia da história Hegel insistiu em afirmar que a evolução das leis e das instituições governamentais numa sociedade reflete o *ethos* e o caráter do povo que a compõe. Isso pode parecer óbvio a quem está acostumado a viver numa sociedade mais liberal, mas estava longe de ser óbvio há 150 anos, no repressivo e burocrático Estado prussiano. Hegel insistiu na existência de um vínculo dialético entre o Estado e seus cidadãos, dialética que assume um aspecto tanto lógico quanto orgânico. A estrutura em evolução do Estado e as tradições em evolução do povo eram partes essenciais da mesma coisa.

A filosofia imensamente prolixa e complexa de Hegel veio à luz num momento histórico oportuno. Seu idealismo, sua insistência em que tudo se move rumo ao Espírito Absoluto, preencheu o vácuo espiritual deixado por uma crescente desilusão com a religião. Foi Hegel quem primeiro disse "Deus está morto", em 1827, e não seu incendiário sucessor Nietzsche, usualmente associado à frase. Hegel referia-se à ideia cristã, mais limitada, de Deus, que seria suplantada pelo Espírito Absoluto. Mesmo assim, sua observação foi extremamente blasfema. Mas ela ficou enterrada na obscuridade de sua obra — de leitura bastante complexa — e passou quase despercebida. Em consequência, sua filosofia parecia essencialmente conservadora às autoridades prussianas. A ênfase que Hegel dava a um vasto sistema hierárquico assemelhava-se ao sonho absoluto de um Estado burocrático. Era a sua insistência no espiritual, sua religiosidade e o conservadorismo repressivo de seu sistema que deixavam Marx doente.

Outra influência capital sobre o desenvolvimento intelectual de Marx nessa conjuntura foi o filósofo humanista e moralista alemão Ludwig Feuerbach, que nascera em 1801 e havia originalmente estudado teologia. Aos 20 e poucos anos, Feuerbach abandonara a teologia para estudar sob a orientação de Hegel em Berlim. Quando publicou suas principais obras, porém, havia avançado muito além da teologia e do hegelianismo ortodoxos de sua mocidade. Segundo Feuerbach, o cristianismo nada tem a ver com a relação da humanidade com Deus. Essa religião, como todas as demais, envolve veladamente a relação entre a humanidade e sua própria natureza essencial. Os atributos de Deus são simplesmente os atributos da humanidade projetados. Nosso pretenso conhecimento de Deus não passa, de fato, do conhecimento sobre nós mesmos e nossa própria natureza. Para Hegel, o auge de seu sistema é Deus — na forma do Espírito Absoluto a refletir sobre si mesmo. Feuerbach aceitou essa estrutura, e até sua dinâmica, mas interpretou-a de um ponto de vista humanístico. O Espírito Absoluto a refletir sobre si mesmo é a autoconsciência da própria humanidade — a consciência que o homem tem de sua própria natureza essencial, sua compreensão de sua individualidade substantiva. O que para Hegel fora idealista e espiritual, tornou-se para Feuerbach humanista e *materialista*. Não havia nenhum "espírito" envolvido. Como veremos, essas ideias tiveram um profundo impacto sobre Marx, embora ele não concordasse de todo com elas. Irônica (e reveladoramente), Marx aceitou o materialismo das ideias de Feuerbach, mas criticou sua falta de hegelianismo. As ideias de Feuerbach eram ótimas em si mesmas, mas careciam de qualquer perspectiva dialética e histórica. A história, a sociedade, a própria humanidade (ou sua consciência de si na forma de Deus) não são imutáveis. Todas evoluem. Desenvolvem-se dialeticamente: a ideia original gera sua própria autocontradição, que é então resolvida numa síntese dessas contradições.

A influência avassaladora de Hegel, somada às vagas ambiguidades de seu idealismo, permitiu a seus seguidores desenvolver seu pensamento em todas as direções. A tese original do conservadorismo prussiano logo gerou sua antítese, na figura daqueles que se autodenominavam hegelianos de esquerda. Entre esses destacava-se o pensador bávaro Max Stirner, que também frequentara os cursos de Hegel em Berlim. As ideias de Stirner eram tão extremadas que mais tarde iriam fornecer suporte filosófico para o movimento anarquista. As implicações revolucionárias de seu egoísmo extremo eram inegáveis. Para Stirner, a consciência cria a realidade: o eu do indivíduo é responsável por seu mundo. Coisas como classe social, as massas, o Estado, e até a própria humanidade, não têm realidade objetiva. Mais uma vez, Marx compreenderia a sutileza dessas ideias e depois as inverteria. Ele ficou impressionado com a percepção de Stirner da profunda relação entre consciência e realidade sócio-histórica. Porém, para Marx a própria consciência é que se cria por essas circunstâncias materiais externas, não o contrário.

A partir disso Marx começou a desenvolver sua própria filosofia, que tentava combinar essas ideias seminais e um materialismo cabal movido por forças dialéticas. Seu objetivo era "colocar Hegel de cabeça para baixo". Mas a paixão juvenil de Marx traduzia essas ideias de uma forma heroica. Sua tese de doutorado exaltava Prometeu, o herói grego que roubou o fogo dos deuses e o trouxe para a humanidade e, como castigo, foi acorrentado a uma rocha no Cáucaso, aonde uma águia voltava a cada dia para bicar-lhe o fígado, que sempre se renovava. Esse herói (cujo nome significa "aquele que vê, ou pensa, o futuro") fornece uma perturbadora metáfora do destino de Marx e de suas ideias — e de fato Marx se identificou com Prometeu ao longo de toda a sua vida.

Quando deixou a Universidade de Berlim, Marx tinha grandes esperanças de conseguir um cargo numa universidade alemã secundária. Lamentavelmente, Frederico Guilherme IV havia se tornado kaiser da Prússia, e seu reinado inaugurou uma nova era reacionária. Os hegelianos de esquerda, e todos os que se ligavam a esse desenvolvimento do pensamento de Hegel, foram exonerados das universidades controladas pelo Estado.

Após procurar emprego, um tanto a esmo, Marx conseguiu uma posição como jornalista, trabalhando para o recém-fundado jornal *A Gazeta Renana*, um jornal liberal sediado em Colônia. Apesar do estilo espantosamente prolixo que adquirira com Hegel, Marx revelou-se um excelente jornalista. A teoria pode ter-lhe inspirado o jargão, mas a prática inspirou-lhe a cunhagem de frases de grande efeito, que permaneceriam características de sua escrita durante toda a sua vida.

Marx obteve tanto sucesso como jornalista que ao fim do primeiro ano havia sido promovido a editor. Esse chefe idealista, bom de copo, trabalhador infatigável, era muito querido por sua equipe de jovens colegas idealistas, bons de copo, trabalhadores infatigáveis, que o apelidaram de "Mouro" por causa de seu rosto moreno e barbado. *A Gazeta Renana* tornou-se rapidamente uma pedra no sapato das autoridades prussianas, e sua circulação triplicou, o que fez dele o jornal de maior circulação na Prússia. As relações políticas e sociais de Marx tomaram então um curso dialético que o marcaria para sempre.

Tendo atacado as autoridades, ele passou a desancar a oposição liberal por sua ineficiência. Em seguida orientou sua própria equipe de esquerda, todos revolucionários teóricos, que desprezavam a ideia de revolução como uma quimera que simplesmente não havia sido devidamente analisada. Apesar desses sentimentos, em 1843 *A Gazeta Renana* foi fechado pelas autoridades.

De seu modo cada vez mais dialético, Marx tomou então duas atitudes contraditórias, em um breve intervalo de tempo. Primeiro decidiu estabelecer-se e casar-se. Depois decidiu abandonar sua pátria e exilar-se. A mulher com quem se casou era sua namoradinha de infância. Jenny von Westphalen tinha a reputação de "a moça mais bonita de Trier", e era herdeira de uma família aristocrática local com poderosas ligações políticas (o pai ocupava um alto cargo na administração governamental e o irmão mais velho viria a ser um ministro do Interior extremamente repressivo no governo prussiano.) Que diabo teria a encantadora Jenny visto naquele jovem judeu mal-ajambrado, encrenqueiro, que ainda por cima era quatro anos mais moço que ela? O fato é que Jenny estava morta de tédio com a vida de princesa provinciana. Era extremamente inteligente, lida, e aspirava a uma vida longe do circuito empertigado da classe alta de Trier. O casamento com o pobretão Karl certamente lhe proporcionou isso, embora talvez não da maneira que ela previra. Mas esse foi um casamento por amor de ambas as partes. Ao longo de todas as suas vicissitudes, Jenny e Karl permaneceram profundamente ligados um ao outro.

Após se casar com sua aristocrática bem-amada, Marx levou-a para Paris. Considerada então como o centro revolucionário da Europa, Paris já promovera revoluções em 1789 (a Revolução Francesa) e em 1830 (a revolução que derrubou a monarquia restaurada). A cidade abrigava todo tipo de grupo esquerdista. As ideias de Marx haviam evidentemente sofrido mais uma transformação dialética desde seus últimos dias na *Gazeta Renana*. Agora ele acreditava que a revolução *era* a resposta, e logo se tornou um dos novos comunistas. Mas como a revolução poderia ocorrer? Primeiro, um programa intelectual completo devia ser elaborado. E, se a política devia mudar, o mesmo devia acontecer com a economia. Marx iniciou um intenso estudo do fundador da economia, o escocês Adam Smith, e de seu sucessor, o inglês David Ricardo. Ao mesmo tempo começou a elaborar um arcabouço filosófico para seu pensamento, na forma de sua própria epistemologia. Quais são as bases para nosso conhecimento do mundo? Como sabemos o que sabemos, e como sabemos se isso é verdadeiro?

A epistemologia de Marx é um dos aspectos mais fracos e menos originais de seu pensamento, mas é importante por duas razões: é a base estritamente filosófica das grandes ideias que estavam por vir, e seu caráter dinâmico ecoa por todo o sistema de pensamento de Marx. Como vimos, ele havia transformado as influências que recebera a ponto de fundi-las numa filosofia exclusivamente materialista. Em conformidade com isso, ele desejava basear todo o conhecimento em premissas estritamente científicas.

Para Marx, nosso conhecimento tem origem em nossa experiência — nossas sensações e percepções — do mundo material. Mas o materialismo de Marx diferia significativamente do de seus predecessores. Estes tendiam a considerar a sensação e a percepção em termos passivos. A luz atinge nossos olhos, nós sentimos o calor, ouvimos um som. Nossa percepção de tais coisas não as altera de maneira nenhuma: são coisas que nos afetam. Para Marx, por outro lado, essa percepção era uma interação entre nós, o sujeito, e o objeto material. Esse objeto (o mundo à nossa volta) é transformado no processo de ser conhecido. Nossa percepção não descobre a verdade do mundo, apenas sua aparência. Portanto, também nosso conhecimento não pode ser a verdade. Ele consiste, isto sim, em métodos práticos pelos quais podemos manipular o mundo natural e adquirir controle sobre ele. Nosso conhecimento do mundo não é passivo, ele tem um propósito. É um processo de duas vias — ativo e reativo —, em conformidade com a dialética.

A síntese de conhecimento científico que assim adquirimos permite-nos impor padrões de ordem aos funcionamentos da natureza, manipulá-los e antecipá-los. Esse processo não alcança a verdade como esta é usualmente concebida. "Saber se é possível atribuir verdade objetiva ao pensamento humano nada tem a ver com teoria, é uma questão puramente prática. A verdade é a realidade e o poder do pensamento, que só podem ser demonstrados na prática." Isso leva Marx à sua famosa conclusão: "Antes os filósofos apenas interpretavam o mundo; ... a questão, porém, é *transformá-lo*."

Esta afirmação deu margem a muitas interpretações. Tomada como uma *atitude* filosófica, pareceria invalidar inteiramente seu autor como filósofo — pois defende o abandono da filosofia em favor da ação política. Sua famosa observação fica portanto aberta a todas as objeções *filosóficas* apresentadas contra ela. Contudo, se for vista à luz da epistemologia de Marx — um processo interativo —, ela *tem* de fato valor filosófico. Ele está defendendo uma ideia profunda. Verdade absoluta é algo que simplesmente não existe. Aprendemos como o mundo funciona para usá-lo, para viver nele. Infelizmente, mesmo no contexto original da sua afirmação Marx parecia querer dizer as duas coisas.

Para se sustentar em Paris, Marx conseguiu um cargo como editor da *Deutsch-Französische Jahrbücher*. Através dessa revista, travou conhecimento com um outro colaborador de ideias semelhantes às suas. Era Friedrich Engels, cujo pai possuía cotonifícios na Renânia e um em Manchester, Inglaterra. Engels, então com 23 anos, trabalhava nos negócios da família em Manchester havia dois. Nas horas de folga, contudo, dedicava-se a perseguir seus ideais revolucionários, encontrando-se com reformistas cartistas e seguidores de Robert Owen, bem como participando de reuniões comunistas. As dicotomias de Engels, ao contrário das de Marx, eram patentes. Um rebelde em casa, mesmo assim ingressou na firma da família. Apesar de ter abandonado os estudos secundários aos 17 anos, adquiriu depois um conhecimento considerável de 24 línguas. Embora trabalhasse como um respeitável homem de negócios e membro da bolsa de algodão de Manchester, também vivia de maneira bastante aberta com sua namorada proletária, uma irlandesa ruiva e analfabeta chamada Mary Burns. Foi Mary quem o guiou pelas favelas irlandesas adjacentes à Oxford Road, região perigosa para quem não fosse morador. Durante essas visitas Engels viu as cenas que aparecem em sua obra inovadora, *A situação da classe trabalhadora na Inglaterra*:

"Massas de escória, vísceras de animais mortos e sujeira nauseante jazem entre poças de água parada por toda parte; a atmosfera é envenenada pelos eflúvios disso tudo, carregada e enegrecida pela fumaça de uma dúzia de chaminés das fábricas. Uma horda de crianças e mulheres maltrapilhas apinha-se por aqui, tão imundas quanto os porcos que cresceram entre pilhas de lixo e charcos.

... A raça que vive nesses casebres em ruínas, por trás de janelas quebradas ... ou em porões úmidos e escuros, em meio a sujeira e fedor sem tamanho ... deve realmente ter atingido o estágio mais baixo da humanidade ... . Em cada um desses antros, contendo no máximo dois cômodos, vivem em média vinte seres humanos."

Espantosamente, isso foi cerca de um ano *antes* da Grande Fome, que mataria um milhão de pessoas e obrigaria um número muito maior a emigrar, espalhando-se em "Little Irelands" por toda a Grã-Bretanha e a América do Norte. No entanto, quando, certa vez, caminhando com um outro homem de negócios, Engels comentou que esses bairros miseráveis eram uma desgraça para Manchester, o colega limitou-se a ouvi-lo polidamente e depois observar, ao se despedir: “Mas ganhou-se um bocado de dinheiro aqui. Tenha um bom dia, sr. Engels!”

Engels tivera um rápido contato com Marx quando este era editor da *Gazeta Renana*, mas um não se impressionara com o outro. Foi somente quando Engels começou a apresentar artigos para a *Deutsch-Französische Jahrbücher* que Marx reconheceu nele um espírito irmão. Da segunda vez que se encontraram, Engels desfrutava uma breve visita a Paris, num desvio de uma viagem para casa num feriado. O comunista *bon vivant* e o jornalista encardido, fumante de charutos, não demoraram a descobrir que tinham muito mais em comum do que suas fartas barbas. Ao longo dos dez dias da estada de Engels, os dois estabeleceram uma relação imediata e profunda que perduraria pelo resto de suas vidas. Engels foi o único amigo com quem Marx nunca brigou. De sua parte, Engels idolatrava Marx — e não há exagero no termo. Iria dedicar grande parte de seu tempo e dinheiro a amparar seu herói-amigo, sem falar na energia emocional e física envolvida nessa difícil tarefa.

Embora fosse casado e tivesse agora uma filhinha, Marx continuava a ter a vida de um estudante pobre — o que também seria um traço permanente de sua vida. Como veremos, tratava-se de mais que um mero aperto financeiro; a falta de respeitabilidade ou responsabilidade social parece ter satisfeito alguma necessidade psicológica não resolvida de Marx. Ele continuou pobre pelo resto da vida, embora sua pobreza nunca tenha sido a da classe trabalhadora, com a sordidez e o desespero extremos que a acompanham, tal como Engels testemunhara em Manchester. A pobreza de Marx foi sempre aquela do eterno estudante em apuros — muitas vezes apuros extremamente graves, mas reconhecíveis como os de um "cavalheiro" imprevidente.

Marx e Engels logo começaram a usar a *Deutsch-Französische Jahrbücher* como um porta-voz de suas ideias radicais, que assim passaram a circular na Alemanha. Porém as autoridades prussianas logo iriam apreender exemplares da revista e pressionar o governo francês para que prendesse Marx. Consequência: a revista foi fechada e ele foi expulso da França. Em vez de voltar para a Alemanha, partiu para a Bélgica, que se tornara independente apenas quatorze anos antes, e montou residência em Bruxelas. A desvalida família Marx passou a ter quatro membros quando Jenny deu à luz um filho.

Engels seguiu Marx para Bruxelas, e ambos ingressaram na recém-formada Liga Comunista. Em reconhecimento por suas proezas jornalísticas, Marx e Engels foram incumbidos de redigir um manifesto para a Liga. Essa foi a origem do primeiro *Manifesto do Partido Comunista*. Este nome foi, desde o princípio, um tanto equivocado. Não havia nenhum partido comunista — a Liga Comunista era apenas um dos vários grupos que se intitulavam comunistas. Além disso, o que se pretendia do manifesto não era que proclamasse a política comunista, mas que estabelecesse exatamente qual era essa política! Esperava-se de Marx e Engels que pegassem as várias ideias confusas e discrepantes que constituíam o comunismo e as pusessem sob uma forma fixa e definitiva. E foi o que fizeram, com mais eficiência do que seus patrocinadores poderiam sonhar. O *Manifesto comunista* (como é hoje mais popularmente conhecido) acabou por se tornar um dos maiores best-sellers mundiais na história da imprensa, ao lado da Bíblia e de Shakespeare. Não há dúvida de que esse documento de 40 páginas é *a* obra-prima do gênero.

Sua abertura é adequadamente dramática: "Um espectro ronda a Europa — o espectro do comunismo." Num rascunho inicial, Engels definira o comunismo como "a doutrina das condições para a emancipação do proletariado, ... aquela classe da sociedade que obtém seus meios de subsistência única e exclusivamente pela venda de seu trabalho". Isso seria alcançado "pela eliminação da propriedade privada e sua substituição pela propriedade da comunidade".

Segundo Marx, cujas frases ressonantes dominam o documento, "a história de toda sociedade existente até hoje tem sido a história da luta de classes" — da era escravagista, passando pela era feudal, até a sociedade burguesa moderna, em que os capitalistas eram capazes de dominar o proletariado porque tinham a posse dos meios de produção, como o maquinário e as fábricas.

Surpreendentemente, Marx mostrou-se disposto a admitir os feitos ímpares da era burguesa: "Ela foi a primeira a mostrar o que a atividade do homem pode produzir. Criou maravilhas que superam de longe as pirâmides do Egito, os aquedutos romanos e as catedrais góticas; conduziu expedições que eclipsam todos os êxodos de nações e cruzadas anteriores." Mas — e aqui aparece todo o peso da análise de Marx — "Destruiu impiedosamente os vários laços feudais que ligavam o homem a seus 'superiores naturais', deixando como única forma de relação entre homem e homem o laço do frio interesse pessoal, o cruel 'pagamento à vista'. Afogou os êxtases sagrados do fervor religioso, do entusiasmo cavaleiresco, do sentimentalismo pequeno-burguês nas gélidas águas do cálculo egoísta. Fez da dignidade pessoal um simples valor de troca e, em nome das inúmeras liberdades conquistadas, estabeleceu essa liberdade única, e implacável — a liberdade de comércio". A riqueza humana da vida medieval (tal como ainda subsistia em lugares pré-industriais como Trier) dera lugar ao pesadelo urbano industrial (tal como podia ser testemunhado da janela dos sótãos de estudantes em Berlim e Paris). A humanidade fora desumanizada. As liberdades individuais haviam sido atreladas ao livre-comércio — o próprio fator que, segundo Adam Smith, permitia à "mão invisível" do comércio fazer seu trabalho, proporcionando benefício para todos.

Apresentava-se, pela primeira vez, uma análise incisiva que se opunha diametralmente à economia clássica. A vitória do proletariado produziria a primeira sociedade sem classes. O mercado, o livre-comércio — esses trabalhavam em benefício do capitalista, à custa do proletariado, que era simplesmente explorado. A reforma era inútil; a única resposta residia na derrubada do capitalismo.

Apesar dessa alegação, Marx de fato propõe no *Manifesto* uma lista de reformas para o capitalismo. Há algumas, como o imposto de renda progressivo, a abolição do trabalho infantil e a educação gratuita para todas as crianças, que hoje aceitamos como norma. Outras, como a abolição da propriedade privada e o estabelecimento de um monopólio estatal sobre os bancos, as comunicações, os transportes e todas as formas de produção, foram tentadas. De maneira veemente, as tentativas de implantar esses projetos utópicos tornaram absolutamente claro o real significado da palavra utopia (que deriva do grego antigo *ou*, significando não, e *topos*, lugar). Há ainda uma recomendação adicional de Marx que costuma passar despercebida: "Confisco dos bens de todos os emigrantes e rebeldes." Uma estranha sugestão, vinda de um rebelde emigrante — mas, como Marx raramente teve algum bem, essa medida draconiana provavelmente não o teria atingido.

O *Manifesto* se encerra com seu célebre chamado às armas:

"Os comunistas não se rebaixam a dissimular suas ideias e seus objetivos. Declaram abertamente que seus fins só poderão ser alcançados pela derrubada radical das condições sociais existentes. Que tremam as classes dominantes diante da revolução comunista! Os proletários nada têm a perder senão seus grilhões. E têm um mundo todo a ganhar.

PROLETÁRIOS DE TODO O MUNDO, UNI-VOS!"

Marx deu os toques finais ao *Manifesto* em janeiro de 1848. E, embora ele não tenha sido distribuído com rapidez ou em quantidade suficiente para produzir um efeito imediato, não há dúvida de que Marx captou o estado de espírito daquele tempo. O ano de 1848 seria o "ano das revoluções" por toda a Europa. Em janeiro uma revolução local foi deflagrada na Sicília; no mês seguinte houve uma em

Paris, que depois se espalhou pela Alemanha, pelo resto da Itália... Os revolucionários não eram os únicos a pensar que a civilização burguesa europeia estava chegando ao fim.

Marx, contudo, agiu mais uma vez segundo sua própria maneira dialética. Estimulado por Engels, assombrou a Liga Comunista dando as costas à causa. Os dois homens deixaram a Bélgica e voltaram para a Renânia, onde Marx aceitou o cargo de editor da ressurrecta *Nova Gazeta Renana*. Para pasmo de seus amigos, começou então a escrever artigos condenando a revolução. Na sua concepção, tudo aquilo era um erro. Para conseguir alguma coisa que valesse a pena, o que a classe trabalhadora devia de fato fazer era colaborar com a burguesia democrática. Essa inesperada mudança dialética teria vida curta, logo gerando sua própria conclusão dialética.

Em setembro de 1848, o kaiser Frederico Guilherme IV dissolveu a Assembleia Prussiana em Berlim. Isso foi demais para Marx, que imediatamente passou a defender a resistência armada a semelhante suspensão dos direitos democráticos. Foi preso, mas portou-se com bravura em seu julgamento. Declarou aos jurados que não estivera pregando a revolução, apenas defendendo o reino. O culpado de revolução fora o próprio imperador. O sentimento popular era tal que o júri absolveu Marx por unanimidade, e até lhe agradeceu, enquanto toda a sala aplaudia.

Nesse meio tempo os temerosos burgueses que financiavam a *Nova Gazeta Renana* haviam retirado seu apoio, mas Marx conseguiu publicar um último número. Este foi impresso em tinta de um vermelho-vivo, e no editorial Marx anunciava que sua "última palavra em toda parte é e sempre será: *emancipação da classe trabalhadora*!" A edição provocou a comoção esperada e o editor foi deportado.

Em agosto de 1849, Marx chegou praticamente sem um tostão a Londres, acompanhado da família, que agora aumentara para três crianças pequenas, estando Jenny grávida de mais uma. Numa demonstração de solidariedade, ele e Engels ingressaram na Liga Comunista, cuja sede era em Londres. Por quase um ano a família Marx levou uma vida precária. Mudavam-se de um alojamento barato para outro nas ruelas mais sórdidas em torno de Leicester Square, onde moravam muitos exilados políticos. Nesse mesmo ano Jenny Marx deu à luz seu quarto filho, outro menino. Logo depois disso a família foi posta na rua, junto com seus trastes, por não pagar o aluguel. Os Marx foram salvos pela caridade de um colega de exílio, mas antes do fim do ano o bebê morreu.

Caridade mais duradoura era agora fornecida por Engels, que desistira de sua tentativa de fazer-se jornalista. Voltara a trabalhar na fábrica do pai em Manchester, pelo menos em parte para poder sustentar Marx. No início de 1851, Marx e a família encontraram alojamentos mais satisfatórios em dois cômodos no último andar do número 28 da Dean Street, no Soho. Esse foi o início do período de recolhimento de Marx, que durou uma década — um tempo de isolamento espiritual e político, enquanto era mantido pela generosidade de Engels, que permanecia exilado em Manchester, a 480 quilômetros de distância.

A Liga Comunista era o único consolo de Marx. Sua personalidade carismática e genuinamente cativante, ao lado de seu intelecto assombroso e de notável amplitude, faziam dele um líder natural. Suas supremas habilidades políticas, porém, adaptavam-se melhor a grupos pequenos, como um escritório de jornal e uma sala de comitê. Ele tinha de dominar; não gostava de aparecer em assembleias públicas nem de se defrontar com pares intelectuais que pudessem "duelar" com ele. Marx descobriu-se incapaz de dominar a Liga Comunista, que logo se desagregou, tanto na Inglaterra quanto na Alemanha, em meio a um tumulto de brigas e recriminações — inspiradas sobretudo por choques de personalidade mascarados como divergências políticas irreconciliáveis. A casa de Marx na Dean Street foi posta sob a vigilância permanente de espiões da polícia prussiana. Ele e Engels chegaram a escrever uma carta conjunta à mais famosa revista de Londres, *The Spectator*, queixando-se de que "as portas das casas em que vivemos são atentamente vigiadas por indivíduos de aparência mais do que duvidosa, que fazem suas anotações muito tranquilamente todas as vezes que alguém entra na casa ou dela sai; não podemos dar um só passo sem sermos seguidos por eles aonde quer que vamos". De algum modo, um desses espiões conseguiu até entrar na casa de Marx, deixando-nos o quadro mais íntimo que temos dele durante esse período:

"Assim que se entra no quarto dele, os olhos ficam tão toldados por fumaça de carvão e vapores de fumo que tem-se a impressão de estar entrando às cegas numa caverna. ... Tudo é tão sujo, e o lugar tão empoeirado, que até sentar-se é arriscado. A cadeira em que sentei tinha só três pernas, as únicas cadeiras inteiras estavam sendo usadas pelas crianças para brincar e preparar comida. ... Além de pouco hospitaleiro, Marx é também completamente desorganizado e misantropo. Leva a vida de um genuíno intelectual boêmio. Raramente se lava, penteia o cabelo ou troca de roupa. Gosta também de se embebedar.

Por vezes fica ocioso por dias a fio, mas trabalha dia e noite com incansável resistência quando tem muito trabalho a fazer. Não segue nenhuma rotina no que diz respeito a levantar-se ou deitar-se. Com frequência passa a noite toda acordado; depois deita-se completamente vestido no sofá ao meio-dia e dorme até a noite, alheio a quem quer que entre ou saia do cômodo."

Justiça se faça, esse regime caótico possivelmente se impunha em parte pelo fato de Marx estar partilhando dois pequenos cômodos com uma esposa, três crianças pequenas, Lenchen, sua criada alemã, e ainda, presumivelmente, o estranho espião prussiano que lá se introduzira e tomava notas indignadas sobre a figura imunda e barbada que, satisfeita da vida, roncava no sofá em plena tarde.

Apesar disso, nessa altura Marx estabeleceu para si mesmo um infatigável regime de pesquisa no Museu Britânico. A revolução de 1848 fracassara e um período de severa repressão fora implantado em toda a Europa, levando muitos radicais a perder as esperanças. Mas Marx era dotado de excepcional resistência psicológica. Enquanto esperava, decidiu desenvolver suas ideias no papel, tarefa que o absorveria no curso dos primeiros longos anos de seu isolamento. Morando em Londres, estava no lugar ideal para realizar essa tarefa. Em 1856 uma nova e magnífica sala de leitura foi inaugurada no Museu Britânico, fornecendo os mais excelentes recursos para pesquisa, sob uma vasta cúpula (cujo projetista italiano tivera o cuidado de não fazer maior que a de São Pedro, em Roma, reduzindo secretamente seu diâmetro em alguns centímetros). Ali Marx pôde estudar Hegel e Feuerbach no alemão original e investigar em detalhe as obras de Adam Smith e David Ricardo, bem como consultar as prateleiras de relatórios de comitês parlamentares que forravam as paredes ao lado de seu assento favorito.

Marx logo se tornou uma figura conhecida nas ruas do Soho. Mesmo na hirsuta era vitoriana, ele se destacava da multidão — fato que seu carregado sotaque alemão (que ele não fazia nada para atenuar) só acentuava. A dieta de pão e batatas, os charutos baratos a manchar e enfumaçar constantemente sua barba e seus pulmões, a vida sedentária e os litros de bebida — tudo isso logo passou a cobrar seu preço. Marx começou a sofrer de penosos furúnculos, uma maldição de proporções bíblicas que continuou a arruinar sua débil estrutura até o fim de seus dias. Outros na família, enretanto, não tinham a mesma resistência, e mais dois de seus filhos morreram na infância.

Como se tudo isso não fosse ruim o suficiente, Marx ainda teve um caso com a criada da família,

Lenchen Demuth, e engravidou-a. Engels, uma visita frequente, assumiu altruisticamente a responsabilidade pelo fato. Quando Lenchen deu à luz um filho pequenino e peludo, Jenny teve suas suspeitas, mas guardou-as para si, pelo bem da família. Anos mais tarde, em seu leito de morte, Engels revelou a verdade à filha de Marx, Eleanor (conhecida como Tussy).

O jovem Freddy Demuth veio a ser um verdadeiro membro do proletariado, trabalhando numa fábrica de motores em Hackney, no East End, o reduto da classe operária em Londres. Na velhice, teria a oportunidade de ver as ideias de seus "dois pais" se realizarem com a Revolução Russa e a criação da União Soviética. Os irmãos de Freddy tiveram menos sorte. A filha mais velha de Marx, Laura, se suicidaria junto com o marido anarquista com quem vivia na pobreza em Paris. A favorita dele, Tussy, escolheu o mesmo caminho após ser rejeitada por seu amante mulherengo, que chegou a lhe fornecer o ácido prússico que ela tomou, tendo uma morte dolorosíssima.

Mas nem tudo era sofrimento na casa dos Marx. Nos domingos de sol a família costumava deslocar-se até Hampstead Heath para animados piqueniques, com direito a pular carniça e outras brincadeiras depois. Temos também uma descrição burlesca de uma bebedeira que Marx tomou com alguns amigos alemães. A coisa terminou com uma "travessura de estudantes" — em que, altas horas da noite, quebraram algumas lâmpadas a gás com pedradas e em seguida saíram correndo pelas ruas para escapar da perseguição dos *bobbies* (gíria que designa a polícia de Londres, a partir do nome de Sir Robert Peel, que criara a primeira força policial uniformizada de Londres cerca de duas décadas antes). No temperamento, Marx continuava sendo em boa medida o eterno estudante. O que podia ser dito do homem podia também ser dito de suas ideias? Essa questão sempre permaneceu aberta ao debate. No entanto, como veremos, nenhuma descrição do homem seria completa sem a descrição de suas ideias, tamanhos são seus ecos, paralelos e contradições dialéticas.

Segundo todos os relatos, a pura irresponsabilidade era o principal fator da persistente pobreza de Marx. Engels continuou a enviar-lhe dinheiro regularmente, e Marx foi até admitido como correspondente em Londres do *New York Daily Tribune*, na época o jornal de maior circulação do mundo. Foi contratado para escrever dois comentários por semana sobre as notícias da Grã-Bretanha e do Império, que muitas vezes eram redigidos às pressas por Engels, para que o prazo não estourasse. Aqui também Marx afiou sua técnica política. Quando a Revolta dos Sipaios foi deflagrada na Índia, seu editor pediu-lhe que previsse o resultado, e ele escreveu a Engels: "É possível que eu faça papel de burro. Mas nesse caso sempre dá para escapar com um pouquinho de dialética. Formulei minha proposição, é claro, de modo a estar certo em qualquer caso." (Assim começou uma tradição marxista que sobreviveria ao colapso tanto do Império Britânico quanto do Soviético.)

Embora Marx estivesse tendo um rendimento regular, sua correspondência com Engels incluía frequentes pedidos desesperados de mais dinheiro, sob a alegação da chegada iminente de oficiais de justiça, da falta de comida em casa e que tais. Ele era completamente aberto na discussão de suas ideias políticas com Engels, e essa intimidade se estendia à sua vida pessoal — indo mesmo além de suas emergências financeiras para incluir detalhes como a erupção de um furúnculo em seu pênis ou o comentário de que resolvera relaxar e ficar em casa porque empenhara seu único par de calças para poder comprar charutos. Karl Marx ou Groucho Marx? Às vezes é difícil dizer. Para citar algumas estatísticas econômicas relevantes — como Marx tanto gostava de fazer em suas obras —, ele ganhava 150 libras por ano de Engels, além de duas libras por cada um de seus artigos bissemanais para o *Tribune*. Mesmo em suas marés mais baixas, seu rendimento anual nunca foi inferior a 200 libras, enquanto um escrevente ganhava nessa época 75 libras. As despesas de Marx eram modestas: seu aluguel anual na Dean Street era de apenas 22 libras, e Lenchen devia receber 20 libras (se é que algum dia foi paga). De alguma forma as 178 libras restantes do rendimento de Marx simplesmente evaporavam no ar anuviado de tabaco enquanto ele, de cueca, tomava banho de sol à janela.

Apesar de sua pobreza, a família Marx sempre teve uma criada. A paciente Lenchen fora originalmente uma menina camponesa da Renânia que os pais aristocráticos de Jenny tinham enviado para cuidar da família. Apesar de sua existência boêmia, Karl e Jenny parecem ter conservado certas pretensões. Marx se recusava terminantemente a se rebaixar a qualquer trabalho braçal, preferindo escrever extensamente sobre tal atividade. Isso levou sua mãe a comentar, exasperada: "É uma pena que o pequeno Karl não produza algum capital, em vez de só escrever sobre ele." Enquanto isso Jenny Marx ainda insistia em usar seu título herdado, baronesa von Westphalen (fato invariavelmente ignorado em biografias soviéticas e chinesas).

Os Marx acabaram por receber da família de Jenny uma pequena herança que lhes permitiu escapar da soturna Dean Street para a pobreza suburbana mais respeitável de Grafton Terrace, no norte de

Londres. Apesar de sua relutância em prover materialmente a família, Marx foi sempre um páter-famílias muito querido, a quem todos chamavam pelo apelido de "Mouro". As visitas podiam encontrá-lo de quatro, fazendo "passeios de elefante" com os filhos agarrados às suas costas, seu cabelo, sua barba, gritando de prazer. Durante esses anos Marx foi deixando o cabelo e a barba ficarem cada vez mais compridos, assumindo uma aparência conscientemente prometeica. A seus próprios olhos, estava agora "escrevendo o futuro". Parece também ter encontrado uma (breve) solução para o problema de sustentar a família. Quando Jenny recebeu outra pequena herança, ele escreveu numa carta a um amigo: "Você ficará bastante surpreso ao saber que andei especulando ... especialmente em títulos ingleses, que foram ... valorizados até um nível bastante exorbitante e depois, em sua maior parte, despencaram. Dessa maneira, ganhei mais de 400 libras e ... vou começar tudo de novo. É um tipo de operação que exige pouco do seu tempo, e vale a pena correr algum risco para 'aliviar' o inimigo de seu dinheiro." Como esta é a única menção que Marx faz a seu novo hobby, podemos apenas supor que da vez seguinte não foi "o inimigo" que foi aliviado de seu dinheiro. Seja como for, Marx voltou-se então com renovado vigor para sua dissecação radical do capitalismo.

Em 1859 ele havia finalmente concluído sua primeira obra econômica de grande envergadura, *Contribuição à crítica da economia política*. Sua filosofia baseia-se na seguinte análise: a vida social se funda na vida econômica, no modo como as coisas são produzidas numa sociedade. As relações sociais baseiam-se nas relações econômicas. Acima destas, ergue-se uma superestrutura correspondente de leis e consciência social que reflete a estrutura econômica. Dessa maneira, a vida ideológica e intelectual de uma sociedade é inteiramente determinada pelo modo como as coisas são produzidas nela. Nas palavras de Marx, que já haviam começado a gerar seu próprio jargão lúmpen: "O modo de produção da vida material determina o caráter geral dos processos sociais, políticos e intelectuais da vida. Não é a consciência dos homens que determina sua existência; é, ao contrário, sua existência social que determina sua consciência." Os ecos de Feuerbach e Stirner ainda são nitidamente discerníveis.

O ano de 1859 foi também o da publicação de *Origem das espécies*, de Darwin. O ar estava impregnado de ideias de evolução. Marx esboça uma evolução filosófica da consciência — que a seu ver se desenvolve de uma maneira quase dialética, e não através da sobrevivência do mais apto. Originalmente vivemos em harmonia com a natureza (tese). Ao nos opormos à natureza, nos apercebemos de nós mesmos como seres humanos (antítese). Dessa luta nasce nossa consciência (síntese). De maneira semelhante, a evolução posterior da consciência humana permaneceu inseparável da luta. Mas essa evolução havia atingido um estágio em que estava fatalmente deteriorada. Pensando na eficiência, economistas haviam adotado a noção de divisão do trabalho. Em vez de cada operário numa fábrica encarregar-se da produção completa de cada item, o processo de manufatura fora decomposto numa série de tarefas especializadas. Na produção de uma caixa de madeira, por exemplo, era mais eficiente ter um operário serrando a madeira em tábuas, outro serrando essas tábuas nos comprimentos requeridos, outro montando as tábuas necessárias à manufatura de uma única caixa, outro pregando as tábuas e um último operário envernizando a caixa. Desse modo, podia-se produzir um número muito maior de caixas do que se cada trabalhador levasse a cabo o processo inteiro da feitura de uma caixa. Mas esse processo mais eficiente era devastador para o moral dos próprios operários.

Para Marx esse processo destrói a consciência de todos os envolvidos. Quando operários são reduzidos à repetição contínua de uma tarefa única e bitolante, perdem toda a relação significativa com o produto que estão ajudando a criar. De artesãos criativos transformam-se em escravos desumanizados. Marx usou a palavra alienação para descrever essa condição — mais um conceito que tomou de Hegel, o qual pesquisou seu desenvolvimento histórico até os tempos romanos. A alienação era a falsa "consciência infeliz" experimentada em meio aos plebeus e escravos oprimidos durante o apogeu do Império Romano. Anteriormente eles haviam experimentado a vida social harmoniosa do paganismo, que agora fora esmagada. Em consequência, os indivíduos voltavam suas consciências para dentro de si, afastando-se da miséria de sua realidade, em direção ao reino sobrenatural, transcendente, em outras palavras, o reino de Deus. Esse foi o processo dialético que permitiu à religião cristã espalhar-se tão depressa por todo o Império Romano. Antes, os pagãos haviam se deleitado consigo mesmos e com seu mundo. Os cristãos se retiravam do mundo e viam suas próprias vidas como sem valor. Tornavam-se "alienados" de si mesmos.

Caracteristicamente, Marx deprecia a espiritualidade do conceito de Hegel, vendo-o apenas em termos econômicos. Mas vale a pena assinalar que ecos do conceito dialético de Hegel ainda podiam ser ouvidos durante a Revolução Industrial na Grã-Bretanha. Um ressurgimento religioso, muito parecido com o fervor do cristianismo primitivo, teve lugar entre a classe trabalhadora alienada na Grã-Bretanha industrializada. O não conformismo e pequenas seitas cristãs proliferaram nos distritos da classe trabalhadora das cidades britânicas durante esse período.

Outro conceito crucial na filosofia econômica de Marx foi o de propriedade privada, essencial a todo o processo de produção mercantil. Objetos eram produzidos, vendidos e depois possuídos. "A propriedade privada nos tornou tão estúpidos e facciosos que um objeto só é *nosso* quando o temos, quando ele existe para nós como um capital, ou quando é diretamente comido, bebido, vestido, habitado etc., em suma, *utilizado* de alguma maneira. ... Todos os sentidos físicos e intelectuais foram substituídos pelo ... sentido de *ter*." Em vez de satisfação num nível individual e comunal, tudo que o trabalhador recebia era dinheiro — moeda sonante. Na visão de Marx, o dinheiro havia "privado o mundo em sua totalidade, tanto o mundo humano quanto a natureza, de seu valor próprio. O dinheiro é a essência alienada do trabalho e da existência do homem; essa essência o domina, e ele a venera". Quando a produção e a comercialização de bens são inteiramente motivadas pelo lucro, a justiça social e até as necessidades humanas básicas são desprezadas. Um mundo econômico como esse, que encontra sua razão de ser exclusivamente no lucro, resulta em relações sociais grotescamente distorcidas que afetam toda a atividade humana. As vidas política, intelectual e artística, e até a vida espiritual, ecoam esse método de produção, que é justificado pelo ganho financeiro e não por qualquer outra forma de benefício social. Vista por esse ângulo, a história é transformada. A moralidade, a lei e até a religião não evoluem segundo uma história própria. Essa consciência, tanto individual quanto social, é ditada pela economia, segundo o que Marx chamou de materialismo histórico. A existência material dita nossa consciência, e não vice-versa.

A história do século XX mostraria como a resposta de Marx para esses problemas malogrou catastroficamente. A propriedade privada, o dinheiro, o estímulo do lucro e a alienação parecem ser fundamentais em nosso atual estágio de evolução. Nós os usamos — assim como eles nos usam. A alienação transforma-se em individualidade exacerbada. Por outro lado, a análise de Marx se estende muito além dos primeiros tempos da sociedade vitoriana a que foi aplicada. Suas descrições do culto ao dinheiro, de nossa atitude em relação à propriedade privada, do consumismo e da busca do lucro pelo lucro são todas pertinentes à era de enxugamento de empresas, crises monetárias provocadas, disparada nos preços das ações de empresas de tecnologia com base em valores irreais, e companhias cujos ativos consistem em tudo exceto nas pessoas que nela trabalham.

Tudo isso é analisado de maneira muito mais detalhada na volumosa obra-prima de Marx, *O capital*, cujo primeiro volume ele publicou em 1867. Lamentavelmente, a melhor obra de Marx é também a mais difícil de se ler. Uma frase típica, escolhida ao acaso: "O progresso da acumulação reduz a magnitude relativa da parte variável do capital, portanto, mas isso não exclui de maneira alguma a possibilidade de uma elevação de sua magnitude absoluta." O primeiro volume continua nessa linha por bem mais de mil compactas páginas — para ser seguido por mais dois volumes. Num incidente célebre, a obra levou o primeiro-ministro britânico Harold Wilson, famoso por ter obtido as maiores notas em economia já dadas em Oxford, a declarar sem rodeios: "Nunca li Marx" — uma omissão espantosa, ainda que compreensível. Como analista econômico, Marx só foi igualado por Adam Smith e Keynes.

O capital investiga os mecanismos da economia contra o pano de fundo da Grã-Bretanha de meados do século XIX. Essa era a mais avançada economia industrial do mundo e parecia indicar o futuro. Tanto em capacidade quanto em eficiência, a indústria britânica superava de longe seus competidores. Uma indicação do alcance dessa supremacia é dada pelos seguintes números que Marx citou com relação à indústria algodoeira: na Inglaterra, o número médio de bobinas por fábrica era 12.600, ao passo que seus dois principais rivais industriais, a França e a Prússia, não conseguiam ter mais que 1.500 bobinas por fábrica. A plena magnitude dessa vantagem torna-se clara quando ficamos sabendo que o número médio de bobinas que podiam ser mantidas por um trabalhador era 74 na Grã-Bretanha, mas na Prússia apenas 37 e na França não mais que 14. O custo da mão de obra e o custo do produto eram similarmente afetados.

No entanto, apesar dessa vasta supremacia, as condições de vida do trabalhador britânico eram aterradoras. Um médico do serviço social de Bradford fez uma lista (incluída na íntegra em *O capital*) mostrando que, *em média*, seus pacientes viviam em cômodos ocupados por 12 pessoas, havendo casos em que um quarto era partilhado por mais que o dobro disso. Uma rua com mais de 200 casas em geral tinha menos de 40 lavatórios toscos e externos. Os que viviam nessas condições trabalhavam duro por longas horas. Na Irlanda do Norte, um operário capacitado cumpria jornada de seis da manhã às onze da noite, de segunda a sexta-feira. Aos sábados parava às seis. "Por esse trabalho, recebo dez *shillings* e seis *dimes* [53 *pence*] por semana", o trabalhador explicou ao inspetor que visitava a fábrica. Todas as estatísticas que Marx reuniu foram coletadas nos relatórios oficiais guardados no Museu Britânico: o sistema capitalista fornecia liberalmente as provas contra si mesmo (um processo convenientemente dialético).

Marx mostrou também que a teoria econômica anterior "parte do ponto pacífico de que a propriedade privada é um fato. Não a explica". A propriedade privada não é um traço permanente, como qualquer breve olhar sobre a história mostraria. No início, houve a propriedade tribal; em seguida, a propriedade comunal ou estatal; depois, a propriedade feudal ou estatal (conferindo "status" social a seus detentores); daí surgiu a noção burguesa de propriedade privada. Mas o que estava por baixo de todo esse desenvolvimento social? Como sabemos, Marx via a história como uma sucessão de lutas de classes. Na sociedade antiga, a classe escrava lutara contra os homens livres; mais tarde os plebeus romanos lutaram contra os patrícios; depois os servos contra "seus" senhores, os artífices contra os mestres das guildas na Idade Média. "Opressor e oprimido [mantinham-se] em oposição constante ... uma luta ininterrupta, ora dissimulada, ora declarada, uma luta que sempre terminava numa reconstituição revolucionária da sociedade em geral, ou na destruição das duas classes em conflito." O progresso histórico avançava de modo dialético. Cada fase desenvolvia suas próprias contradições, que resultavam por fim na síntese progressiva de um novo sistema social. O capitalismo era simplesmente mais uma fase nesse inevitável progresso histórico.

À medida que se desenvolveu, também o capitalismo gerou suas próprias contradições inerentes. Um mercado livre levava a um aumento da concorrência. Para aumentar a eficiência e os lucros de seus negócios, o capitalista burguês investia em maquinário. Pequenos negócios que não podiam se permitir esse investimento de capital viam-se encurralados. Essa competição cada vez mais acirrada levava ao domínio do mercado por empresas cada vez maiores, até que finalmente se estabelecia um monopólio. A concorrência levava, portanto, à contradição do monopólio. Ao mesmo tempo, a introdução de maquinário significava crescente desemprego. Mas isso servia para diminuir o mercado — os desempregados não tinham salários para gastar nas mercadorias que estavam sendo produzidas em número cada vez maior por essa eficiência aumentada. Mais mercadorias, mercado declinante, lucros decrescentes. E assim outras contradições emergiam dentro do sistema.

Se, por outro lado, houvesse um *boom* que resultasse em pleno emprego, os salários dos trabalhadores subiriam forçosamente, seguindo a lei da oferta e da procura. Não haveria nenhuma reserva de desempregados que pudesse ser utilizada para trabalhar por menores salários. Os salários mais altos corroeriam os lucros. De uma maneira ou de outra, os lucros dos capitalistas iriam inevitavelmente definhar. Essas pressões internas surgiam no capitalismo como consequência de seu próprio desenvolvimento. O resultado era uma série de crises recorrentes e cada vez mais profundas. O que levaria em última instância à crise final que provocaria o colapso do sistema capitalista.

Segundo Marx, o capitalismo é basicamente injusto. Sustenta-se na exploração dos trabalhadores, porque os capitalistas têm a posse dos meios de produção: o maquinário, as ferramentas etc. O algodão chegava à porta da fábrica na forma de um fardo e saía como peças de roupa que podiam ser vendidas a um preço mais alto. Dessa maneira, o trabalhador na fábrica adicionava valor às mercadorias. Mas não lhe pagavam o valor total que acrescentara. Em verdade pagavam-lhe um salário de subsistência, ou pouco mais; o dono da fábrica embolsava esse valor excedente, a mais-valia, como lucro. Isso, segundo Marx, é exploração.

Marx acreditava firmemente na teoria do valor trabalho. Um produto tem um valor *real* que pode ser calculado de acordo com a quantidade de trabalho investido em sua produção. Quando o maquinário entra na equação, é avaliado com base na quantidade de trabalho investido em *sua* produção, i.e., na produção do próprio maquinário. Essa teoria parecia justa. Lamentavelmente, estava em conflito com as circunstâncias em que era aplicada — a saber, o mercado. A quantidade de trabalho usada na produção de um artigo tem grande probabilidade de afetar seu preço. Espera-se que um carro custe mais que um prato de arroz; mas no livre-comércio o mercado é o árbitro *supremo*. Oferta e demanda sempre suplantarão o custo da mão de obra. Em meio a uma crise de alimentos, um prato de arroz pode até faturar mais que um carro.

De maneira semelhante, a análise que Marx fez do processo de fabricação avalia o papel do capitalista de modo seriamente equivocado. Para começar, o capitalista arrisca seu dinheiro quando implanta a empresa, e para isso exige uma recompensa que faça seu investimento valer a pena. Essa é a força que move o capitalismo: empreendimento — imaginação, risco. Os motivos econômicos são em sua maior parte a face aceitável da avareza. Ninguém embarca num empreendimento se não houver nenhuma possibilidade de ganho e a única perspectiva for de perda. Assim é a natureza humana. O comportamento dominador e explorador da classe capitalista — a demonizada "burguesia" — na Grã-Bretanha vitoriana era muitas vezes grotesco. Igualmente grotesca era sua atitude com relação à hedionda pobreza que infligia ao proletariado ("Tenha um bom dia, sr. Engels!").

Como a história mostrou, no entanto, o erro estava muito mais nas pessoas que operavam o sistema, e na liberdade que lhes era concedida, do que no sistema em si. O poder desenfreado sempre foi uma receita de exploração e hipocrisia. O sistema capitalista em si tem apenas parte da culpa. O capitalismo parece ser como a democracia de Churchill: "A pior forma de governo, exceto todas as outras que foram tentadas."

O que era necessário para ajudar as vítimas do capitalismo era a intervenção do governo, em vez da alternativa radical que Marx propôs. Na visão dele, o equilíbrio entre justiça social e econômica só poderia ser restabelecido quando o controle dos meios de produção fosse assumido pelo Estado. Essas formas de propriedade privada burguesa deveriam ser estatizadas. Foi precisamente isso que aconteceu na União Soviética e em todo o mundo comunista. A livre empresa foi sufocada em favor do planejamento estatal: o Plano Quinquenal, o Grande Salto para a Frente e congêneres. Sob condições favoráveis, isso pode parecer perfeitamente racional e justo. Mas a evolução humana — seja social ou individual — não incorporou a razão e a justiça, no máximo aspirou a essas qualidades. Uma economia controlada pode tentar o ocasional grande salto à frente, mas é pouco provável que crie um Vale do Silício. Tais saltos brotam da intoxicação da imaginação individual, não de comedidos comitês.

Ainda assim, elementos da crítica de Marx ao capitalismo continuam tendo relevância. Optamos por fechar os olhos a muitos deles. Preferimos nossos próprios "heróis proletários" às imagens seis vezes ampliadas de Stakhanovite empunhando bandeiras vermelhas em murais realistas socialistas. No entanto os heróis da classe trabalhadora do capitalismo contemporâneo apenas parecem ter se oposto ao sistema. Nossos astros do *rock*, milionários do esporte e jovens gênios da bolsa de valores ainda não detêm os meios de produção. Hoje por cima, amanhã por baixo — enquanto os proprietários dos meios de produção continuam a embolsar toda a mais-valia. (Os astros do cinema de Hollywood compreenderam isso já nos idos de 1919, quando Chaplin, Fairbanks e outros criaram a United Artists para serem donos dos próprios estúdios e controlar a distribuição.)

Marx tinha certeza de que nem todas as contradições que se desenvolviam no seio do capitalismo eram negativas. O proletariado podia precisar de seu salário para subsistir e ser incapaz de acumular poupanças ou capital próprio. (Esta, para Marx, era a definição do proletariado.) Mas nas fábricas do capitalismo essa classe perenemente explorada estava se tornando uma força de trabalho capacitada e disciplinada. Como classe, ela teria um papel vital na próxima e inevitável etapa do processo histórico dialético: quando o capitalismo ruísse, em consequência de suas próprias contradições, haveria uma revolução, e o proletariado assumiria o controle dos meios de produção. Uma "ditadura do proletariado" seria então estabelecida, previu Marx, fazendo em seguida uma declaração caracteristicamente dramática: "Com esse desenvolvimento social, a pré-história da sociedade termina."

A ditadura do proletariado era para Marx, contudo, apenas o primeiro estágio, que seria seguido por uma utopia socialista muito semelhante à obscura utopia de Saint-Simon. A luta entre as classes, que havia sido um traço permanente da "pré-história", seria substituída por uma sociedade sem classes. Gradualmente, o Estado deixaria de existir, as velhas relações de mercado desapareceriam, o dinheiro seria abolido e todas as pessoas receberiam o que lhes era devido. "De cada um segundo suas capacidades, a cada um segundo suas necessidades." Afora esses escassos indicadores teóricos, Marx teve pouco a dizer sobre a realidade de sua utopia socialista. Até Saint-Simon foi mais específico em seu sonho. Mas um esboço das ideias de Marx, ainda que breve, não estaria completo sem sua curiosa descrição do céu na terra que emergiria das ruínas da idade da pedra do capitalismo:

"Ninguém é limitado a uma única esfera de atividade. Todo indivíduo pode se aperfeiçoar em qualquer atividade de sua escolha. A própria sociedade regula a produção geral, e assim é possível lidar com uma coisa hoje, outra amanhã. Posso caçar de manhã, pescar à tarde, criar gado ao anoitecer [*sic*] e apresentar minhas próprias opiniões críticas depois do jantar. Posso fazer tudo isso, dependendo de como me sinta, sem jamais ter de me tornar um caçador, um pescador, um criador de gado ou um crítico."

Não há muita necessidade de expor as contradições dialéticas geradas por este castelo no ar projetado na Dean Street. Vacas não prosperam sob a atenção esporádica de leiteiros diletantes, muito menos no escuro. Mas esquemas socializantes mais práticos *podem* funcionar em pequenas comunidades de indivíduos de mentalidade semelhante: *kibutzim* israelenses, comunidades *amish* e esforços similares fornecem provas duradouras disso. Nos níveis mais amplos da cidade e do Estado, no entanto, a sociedade é evidentemente complexa demais. A ditadura do proletariado e a apropriação dos meios de produção pelo Estado levariam, no século XX, a uma forma de ditadura muito diferente daquela temporária que Marx imaginou. Longe de ir desaparecendo, o Estado se expandiu num monstro todo-poderoso, incontrolado por concorrência ou oposição.

O que Marx não compreendeu foi que as contradições internas do capitalismo teriam um grande papel estimulando sua evolução, e não destruindo-o. Marx não foi o único a compreender mal o capitalismo. Nenhum dos grandes pensadores de sua época — de Mill a Nietzsche — suspeitou nem de leve que o capitalismo iria proliferar da maneira como o fez. O que Marx viu como os estertores de morte do capitalismo revelou-se como pouco mais que as dores de seu parto.

Marx morreu em 1883 aos 64 anos. Uma dúzia de amigos e companheiros de ideologia reuniu-se naquela manhã de março ao redor da sepultura no cemitério de Highgate. Ouviram Engels pronunciar o que deve ter parecido uma oração fúnebre absurdamente bombástica: "Seu nome e sua obra haverão de perdurar ao longo das eras..." Menos de 70 anos depois, um terço do mundo se proclamaria governado segundo as ideias de Marx.

POSFÁCIO

. . . .

A grande aventura de Marx — o comunismo — está hoje quase completamente fracassada. Apesar disso, a força de seu pensamento não deve ser esquecida. As ideias de Marx ofereceram a perspectiva de "justiça nesse mundo" a um número incontável de pessoas que nunca haviam sonhado com tal possibilidade. Ideias quase marxistas seriam abraçadas, pelo menos momentaneamente, por luminares do século XX do porte de Einstein, Bertrand Russell, Wittgenstein, Tolstoi, Gandhi e Nelson Mandela. Muitos agora afirmam que as ideias de Marx têm pouca relevância contemporânea. Especificamente, diz-se que sua crítica só se aplica à economia de meados do século XIX que ele analisou (e nem sempre corretamente). Mas o quadro mais amplo mudou, e continua a mudar, em conformidade com sua asserção-chave. A filosofia não é uma ilha em si mesma; ela tem lugar numa sociedade, que é dirigida em linhas econômicas. Para quem é a economia? Como podem seus lucros ser partilhados de maneira justa? Questões como estas permanecem extremamente atuais. Estamos iniciando um século em que a divisão entre o primeiro e o terceiro mundos continua a se aprofundar, em que, mesmo no primeiro mundo, a divisão entre ricos e pobres se torna avassaladoramente grande. E, num mundo em que os próprios recursos estão se aproximando de seus limites, não só a riqueza precisará ser distribuída de maneira mais apropriada.

Marx procurou controlar o mercado. O livre mercado sobreviveu, e continuará a fazê-lo, porque aprendeu não só a evoluir mas a controlar a si mesmo. É por isso que a economia, a despeito de todas as suas falhas e pretensões, torna-se cada vez mais vital para nossa sobrevivência. As pessoas que paralisaram Seattle durante a primeira reunião da Organização Mundial do Comércio do novo milênio não eram, em sua maioria, marxistas extremistas ou os americanos pobres. Qualquer que tenha sido sua conduta, ou as ideias rudimentares que expressaram, o que as moveu foi um senso de justiça. Outros no mundo, impotentes e menos afortunados que os que ali protestavam, estavam sendo injustiçados. Como Marx mostrou, à sua maneira, ignoramos esse fato para nosso próprio risco.

CITAÇÕES-CHAVE

. . . .

Dos escritos de Marx:

"Antes os filósofos apenas interpretavam o mundo; ... a questão, porém, é *transformá-lo*."

Teses sobre Feuerbach

A religião é simultaneamente uma expressão de sofrimento genuíno e um protesto contra esse sofrimento. A religião é o suspiro das criaturas oprimidas, seu sentimento em um mundo sem sentimentos, a alma de nossa condição desalmada. É o ópio do povo.

Para uma crítica da filosofia do direito de Hegel

Ser radical é tomar a matéria pela raiz. Para o ser humano, porém, a raiz da matéria é o próprio ser humano.

Para uma crítica da filosofia do direito de Hegel

Um espectro ronda a Europa — o espectro do comunismo.

Palavras de abertura do *Manifesto comunista*

A história de toda sociedade existente até hoje tem sido a história da luta de classes.

Homem livre e escravo, patrício e plebeu, senhor e servo, mestre de corporação e companheiro, em uma palavra, opressor e oprimido, em constante oposição, têm vivido uma guerra ininterrupta, ora disfarçada, ora aberta, que terminou sempre pela reconstituição revolucionária de toda a sociedade, ou pela destruição das classes em conflito.

...

A sociedade burguesa moderna, surgida das ruínas da sociedade feudal, não aboliu os antagonismos de classe. Apenas estabeleceu novas classes, novas condições de opressão, novas formas de luta, em lugar das velhas.

Manifesto comunista

Em suma, [a burguesia] substituiu a exploração, encoberta pelas ilusões religiosas e políticas, pela exploração aberta, única, direta, brutal.

A burguesia despojou de sua aura todas as atividades até então consideradas honradas e vistas com respeito. Converteu o médico, o jurista, o padre, o poeta e o homem de ciência em trabalhadores assalariados.

A burguesia rasgou o véu sentimental da família, reduzindo as relações familiares a meras relações monetárias.

Manifesto comunista

Os proletários nada têm a perder senão seus grilhões. E têm um mundo todo a ganhar.

PROLETÁRIOS DE TODO O MUNDO, UNI-VOS!

O chamado às armas no final do *Manifesto comunista*

O objetivo fundamental desta obra é revelar a lei econômica que move a sociedade moderna.

O capital

Mão de obra migrante é usada em trabalhos de construção e drenagem, na fabricação de tijolos, como auxiliares de pedreiro, na construção de ferrovias etc. Essa coluna móvel de doença leva varíola, tifo, cólera e escarlatina para onde quer que se monte acampamento. Em projetos que envolvem grande dispêndio de capital, como ferrovias etc., o empreiteiro usualmente abriga seus operários em cabanas de madeira. Essas aldeias improvisadas carecem de qualquer instalação sanitária, estão fora do controle das autoridades locais e são extremamente lucrativas para o empreiteiro. Aqui ele consegue explorar seus trabalhadores de duas maneiras ao mesmo tempo — como operários e como inquilinos. As cabanas têm um, dois ou três cubículos, e os operários que as habitam devem pagar aluguéis semanais correspondentes de dois, três ou quatro *shillings*.

O capital

E uma passagem muito mais típica, revelando Marx em sua pior forma:

O valor do capital produtivo P é igual a C, o valor de seus elementos formativos, que, no estágio M-C confronta os capitalistas como mercadorias nas mãos de seus vendedores. Em segundo lugar, no entanto, o valor do fio contém uma mais-valia de £78 = 1,560 lb. de fio. Portanto, como a expressão do valor das 10.000 lb. de fio, C = C+?C, C mais um incremento (£78) que chamaremos *c*, porquanto ele existe na mesma forma de mercadoria que o valor original.

O capital

Cada qual segundo suas capacidades, cada qual segundo suas necessidades.

Crítica do Programa de Gotha

Pouco mencionado atualmente, o comunismo é o herói obscuro que se esconde em mansardas invisíveis sobre catres de palha miseráveis — o herói destinado a desempenhar um grande papel, ainda que apenas temporário, na tragédia moderna. Ele está só esperando a deixa para entrar em cena. Nunca devemos perder de vista esse ator ... devemos espiar os ensaios em que ele se prepara em segredo para sua estreia.

Heinrich Heine, em palavras
proféticas escritas ainda em 1842

A história de maneira geral, e a história das revoluções em particular, é sempre mais rica em conteúdo, mais variada, mais multiforme, mais vigorosa e mais "sutil" do que imaginam mesmo os melhores partidos e as classes mais avançadas.

V.I. Lênin

As revoluções nunca aliviaram a carga da tirania: apenas a transferiram para um outro ombro.

George Bernard Shaw

CRONOLOGIA DE DATAS SIGNIFICATIVAS DA FILOSOFIA

. . . .

séc. VI a.C.	Início da filosofia ocidental com Tales de Mileto.
fim do séc. VI a.C.	Morte de Pitágoras.
399 a.C.	Sócrates condenado à morte em Atenas.
c. 387 a.C.	Platão funda a Academia de Atenas, a primeira universidade.
355 a.C.	Aristóteles funda o Liceu em Atenas, uma escola rival da Academia.
324 d.C.	O imperador Constantino muda a capital do Império Romano para Bizâncio.
400 d.C.	Santo Agostinho escreve as *Confissões*. A filosofia é absorvida pela teologia cristã.
410 d.C.	O saque de Roma pelos visigodos anuncia o advento da Idade das Trevas.

529 d.C.	O fechamento da Academia de Atenas, pelo imperador Justiniano, marca o fim do pensamento helenista.
meados do séc. XIII	Tomás de Aquino escreve seus comentários sobre Aristóteles. Era da escolástica.
1453	Queda de Bizâncio para os turcos, fim do Império Bizantino.
1492	Colombo chega à América. Renascimento em Florença e renovação do interesse pela aprendizagem do grego.
1543	Copérnico publica *De revolutionibus orbium caelestium* (*Sobre a revolução dos orbes celestes*), provando matematicamente que a Terra gira em torno do Sol.
1633	Galileu é forçado pela Igreja a abjurar a teoria heliocêntrica do Universo.
1641	Descartes publica as *Meditações*, início da filosofia moderna.
1677	A morte de Spinoza permite a publicação da *Ética*.
1687	Newton publica os *Principia*, introduzindo o conceito de gravidade.
1689	Locke publica o *Ensaio sobre o entendimento humano*. Início do empirismo.

1710	Berkeley publica os *Princípios do conhecimento humano*, levando o empirismo a novos extremos
1716	Morte de Leibniz.
1739-40	Hume publica o *Tratado sobre a natureza humana*, conduzindo o empirismo a seus limites lógicos.
1781	Kant, despertado de seu "sono dogmático" por Hume, publica a *Crítica da razão pura*. Início da grande era da metafísica alemã.
1807	Hegel publica *A fenomenologia do espírito.* Apogeu da metafísica alemã.
1818	Schopenhauer publica *O mundo como vontade e representação*, introduzindo a filosofia indiana na metafísica alemã.
1889	Nietzsche, após declarar que "Deus está morto", sucumbe à loucura em Turim.
1921	Wittgenstein publica *Tractatus logico-philosophicus*, advogando a "solução final" para os problemas da filosofia.
década de 1920	O Círculo de Viena apresenta o positivismo lógico.
1927	Heidegger publica *Sein und Zeit* (*Ser e tempo*), anunciando a ruptura entre a filosofia analítica e a continental.

1943 Sartre publica *L'Être et le néant* (*O ser e o nada*), avançando no pensamento de Heidegger e instigando o existencialismo.

1953 Publicação póstuma de *Investigações filosóficas*, de Wittgenstein. Auge da análise linguística.

CRONOLOGIA DA VIDA E DA ÉPOCA DE MARX

. . . .

1818	Nasce a 5 de maio em Trier, na Renânia alemã.
1835	Ingressa na Universidade de Bonn para estudar direito.
1836	Parte para a Universidade de Berlim para estudar filosofia.
1840	Frederico Guilherme IV torna-se kaiser da Prússia, iniciando uma nova era de reacionarismo. Hegelianos de esquerda são exonerados de universidades.
1841	Doutora-se finalmente pela Universidade de Iena, mas a essa altura já não tem esperança de seguir uma carreira acadêmica.
1842	Nomeado editor da *Gazeta Renana*. Engels torna-se comunista. Marx se casa com a namorada de infância, Jenny von Westphalen. Marx e a mulher partem para o exílio

em Paris. Karl torna-se editor da *Deutsch-Französische Jahrbücher* (*Anais Germânico-Franceses*).

1844 Marx estabelece com Engels a associação e a estreita amizade que durarão pelo resto de sua vida.

1845 *Deutsch-Französische Jahrbücher* fechada pelas autoridades francesas. Expulso da França, Marx se instala em Bruxelas, na Bélgica.

1848 Conclui o *Manifesto comunista*. Volta para a Alemanha e torna-se editor do *Neue Rheinische Zeitung*. "Ano de revoluções" por toda a Europa. O kaiser Frederico Guilherme IV dissolve a Assembleia prussiana e suspende os direitos democráticos.

1849 O protesto de Marx termina com sua prisão e julgamento; absolvido por um júri receptivo. Edição final "vermelha" *Nova Gazeta Renana*. Banido da Alemanha. Com a família, Marx chega a Londres, onde viverá o resto de sua vida.

1850 Marx e a família, sem um tostão, veem-se na rua após serem despejados de alojamentos. No final do ano, mudam-se para a Dean Street nº 28, no Soho, a dez minutos de caminhada do Museu Britânico, em cuja sala de leitura faria sua pesquisa.

1851	Realiza-se em Londres a Grande Exposição.
1852-1857	Contratado como correspondente em Londres do *New York Daily Tribune*.
1856	Herança recebida por Jenny permite a Marx mudar-se do Soho com a família para a relativamente mais salubre Maitland Street, no norte de Londres.
1861	Início da Guerra Civil Americana.
1867	Publicada em Berlim a primeira edição do primeiro volume de *O capital*.
1870	Deflagração da Guerra Franco-Prussiana.
1871	Derrota francesa; prussianos ocupam Paris. Comuna de Paris.
1872	Morte de Jenny, mulher de Marx.
1873	Não se encontra um editor inglês para *O capital*: nenhuma tradução inglesa dessa obra seria publicada durante a vida de Marx.
década de 1880	Últimos anos de Marx, atormentado por "depressão mental crônica".
1881	Alexandre II, czar da Rússia, é assassinado.

1882 Marx escreve prefácio à segunda edição russa de *O capital.*

1884 Marx morre.

1885 Publicação do segundo volume de *O capital* (editado por Engels).

1894 Publicação do terceiro volume de *O capital* (editado por Engels), completando a obra-prima de Marx.

1917 Tomada do poder pelos comunistas na Rússia.

1918 Governos comunistas efêmeros estabelecidos na Baviera (Alemanha) e na Hungria.

1945-1950 Governos comunistas estabelecidos por toda a Europa Oriental.

1949 Comunistas tomam o poder na China.

1989 Queda do Muro de Berlim anuncia derrocada do comunismo por toda a Europa e a União Soviética.

LEITURA SUGERIDA

. . . .

Terrell Carver (org.), *The Cambridge Companion to Marx* (Cambridge University Press, 1992). Seleção de ensaios abalizados cobrindo ampla extensão do pensamento de Marx, da sua filosofia da história à sua política mais densa.

Eugene Kamenka (org.), *The Portable Karl Marx* (Viking, 1983). A melhor amostra das ideias filosóficas, políticas e econômicas de Marx, contendo extratos bem escolhidos de todas as obras principais.

Karl Marx, *Das Kapital* (Penguin, 1993). A obra-prima de Marx, que o estabelece como um dos grandes economistas de todos os tempos. Sua prosa é notoriamente difícil. Examine o índice e penetre aos poucos na obra. As passagens de longe as mais interessantes são aquelas em que ele cita relatórios governamentais referentes às condições da classe trabalhadora na Grã-Bretanha do século XIX.

Karl Marx e Friedrich Engels, *The Communist Manifesto* (Signet, 1998). A melhor introdução à ideia de comunismo de Marx. Obra clara, sucinta e comovente que abrange os aspectos filosófico, político e econômico de seu pensamento.

Francis Wheen, *Karl Marx* (Norton, 2000). Um novo relato vigoroso e sempre interessante da vida heroica e das fraquezas do grande homem. De longe a melhor biografia disponível.

Allen W. Wood, *Karl Marx* (Routledge, 1999). Uma obra de porte que se concentra na filosofia de Marx e em suas implicações em outros campos.

ÍNDICE REMISSIVO

. . . .

CIENTISTAS
em 90 minutos

. . . .

por Paul Strathern

Arquimedes e a alavanca em 90 minutos
Bohr e a teoria quântica em 90 minutos
Crick, Watson e o DNA em 90 minutos
Curie e a radioatividade em 90 minutos
Darwin e a evolução em 90 minutos
Einstein e a relatividade em 90 minutos
Galileu e o sistema solar em 90 minutos
Hawking e os buracos negros em 90 minutos
Newton e a gravidade em 90 minutos
Oppenheimer e a bomba atômica em 90 minutos
Pitágoras e seu teorema em 90 minutos
Turing e o computador em 90 minutos